Winzige Tierwunder

Heather Hammonds

Original-
größe!

Mini Marvels

Originalausgabe

„Winzige Tierwunder" ist ursprünglich 2014 auf Englisch veröffentlicht worden.
Die deutsche Ausgabe wird mit freundlicher Genehmigung von Oxford University Press veröffentlicht.

„Mini Marvels" was originally published in English in 2014.
The German edition is published by arrangement with Oxford University Press.

Acknowledgements

Text by Heather Hammonds
Illustrations by Tim Bradford
Series Editor: Nikki Gamble

p2/3: Panoramic Images/Getty Images; **p4**: Barrie Britton/Nature Picture Library; **p5**: Ern Mainka/Alamy; **p5**: Kevin Elsby/Alamy; **p6**: John Cancalosi/Nature Photo Library; **p7**: Mlorenzphotography/Getty Images; **p8**: Reinhard Dirscherl/Getty Images; **p9**: Reinhard Dirscherl/Getty Images; **p10**: Panoramic Images/Getty Images; **p11**: Panoramic Images/Getty Images; **p12**: Merlin D Tutle/Getty Images; **p13**: Steve Downer/ardea.com; **p14**: Kevin Elsby/Alamy; **p15**: Kevin Elsby/Alamy; **p17**: Gary Lewis/Getty Images; **p16**: NHPA/photoshot; **p18**: Gary Bell/OceanwideImages.com; **p19**: Gary Bell/OceanwideImages.com; **p20**: Jean Paul Ferrero/ardea.com; **p21**: Premaphotos/Alamy; **p24**: Mlorenzphotography/Getty Images

Bestell-Nr. 2400-72 • ISBN 978-3-619-24612-0

Übersetzung: Stephanie Oelschlegel
Redaktion: Stefanie Drecktrah

© 2020 Mildenberger Verlag GmbH, 77610 Offenburg
www.mildenberger-verlag.de
E-Mail: info@mildenberger-verlag.de

Auflage	4	3	2	1
Jahr	2023	2022	2021	2020

Das Werk und seine Teile sind urheberrechtlich geschützt. Jede Nutzung in anderen als den gesetzlich zugelassenen Fällen bedarf der vorherigen schriftlichen Einwilligung des Verlages. Hinweis zu § 52 a UrhG: Weder das Werk noch seine Teile dürfen ohne eine solche Einwilligung eingescannt und in ein Netzwerk eingestellt werden. Dies gilt auch für Intranets von Schulen und sonstigen Bildungseinrichtungen!

Bezugsmöglichkeiten
Alle Titel des Mildenberger Verlags erhalten Sie unter: www.mildenberger-verlag.de oder im Buchhandel. Jede Buchhandlung kann alle Titel direkt über den Mildenberger Verlag beziehen. Ausnahmen kann es bei Titeln mit Lösungen geben: Hinweise hierzu finden Sie in unserem aktuellen Gesamtprogramm.

Printed in China by Golden Cup

Inhalt

Original-größe!

Winzige Tiere findet man überall
auf der Welt – in Wäldern,
auf Inseln und im Meer.

Viele dieser winzigen Kreaturen
verstecken sich vor größeren,
die sie fressen wollen.
Einige verstecken sich,
indem sie oben in den Bäumen leben
und andere sind einfach nur schwer
zu erkennen.

Lasst uns einen Blick
auf diese erstaunlichen
kleinen Tiere werfen.
Sie sind winzige
Tierwunder.

Mikro-
frosch

Pfeilgiftfrosch

Steckbrief

Lebensraum:
Regenwald, Zentralamerika

Nahrung:
kleine Käfer von der Größe
von Ameisen

Größe:
etwa 2 Zentimeter (cm)

Original-
größe!

Diese kleine **Amphibie** lebt
im **Tropischen Regenwald**.
Ihre leuchtenden Farben
warnen andere Tiere,
dass ihre Haut sehr giftig ist.

Die Froschweibchen legen
die Eier. Die Männchen
bewachen sie. Wenn die
Kaulquappen aus den Eiern
schlüpfen, werden sie auf
dem Rücken der Mutter zu
kleinen Wasserpfützen in
Pflanzen gebracht. Dort leben
sie, bis sie Frösche werden.

cm 1   2   3   4   5   6   7   8   9   10   11   12   13   14   15   16   17

So ein kleines Seepferdchen

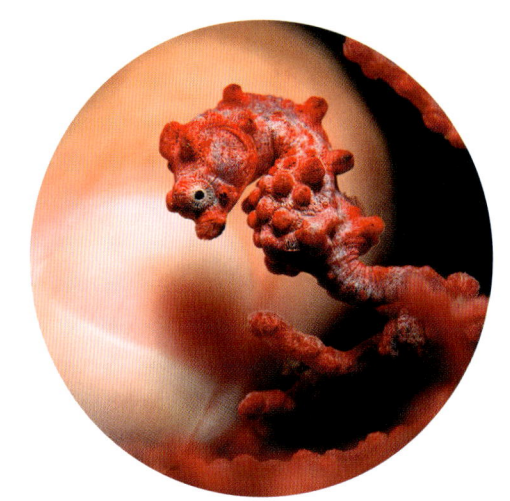

Dieses Zwerg-Seepferdchen lebt in den **Korallenriffen** warmer tropischer Meere. Es sieht aus wie eine Koralle. So ist es gut vor **Raubtieren** versteckt.

Die Zwerg-Seepferdchen leben in Gruppen, die sich ein Stück Koralle teilen. Das Seepferdchen-Weibchen legt Eier. Das Männchen kümmert sich um diese und trägt sie in einem Beutel mit sich.

Nach etwa zwei Wochen schlüpfen die Jungen. Die Baby-Seepferdchen suchen sich dann eine eigene Koralle.

Steckbrief

Lebensraum:
Korallenriffe, Westpazifik

Nahrung: **Plankton** und kleine Meerestiere

Größe: etwa 2 cm

Original-größe!

19
18
17
16
15
14
13
12
11
10
9
8
7
6
5
4
3
2
1
cm

Stummelschwanzchamäleon

Steckbrief

Lebensraum:
Wald, Madagaskar

Nahrung: kleine Insekten

Größe: etwa 3 cm

Original-
größe!

Dies ist eines der kleinsten Chamäleons der Erde. Bei seiner Geburt ist es nicht größer als ein Fingernagel!

Tagsüber jagt das Chamäleon am Boden nach Insekten. Nachts schläft es auf den untersten Zweigen kleiner Büsche. Es benutzt seinen Stummelschwanz wie ein zusätzliches Bein als Kletterhilfe.

Genau wie andere Arten von Chamäleons wechselt es seine Farbe, um sich zu tarnen und um sich vor Raubtieren zu verstecken.

cm 1 2 3 4 5 6 7 8 9 10 11 12 13 14 15 16 17

Fledermaus in Hummelgröße

Die Hummelfledermaus lebt in dunklen Höhlen im Regenwald. Tagsüber schläft sie.

Kurz nach Sonnenuntergang verlässt die Fledermaus ihre Höhle. Sie will Insekten jagen. Sie jagt auch kurz vor Sonnenaufgang.

Dieses kleine Tier stößt sehr hohe Töne aus. Dann lauscht es auf das Echo, das von den Körpern leckerer Insekten zurückgeworfen wird. Auf diese Weise findet es seine **Beute**!

Steckbrief

Lebensraum:
Myanmar und Thailand, Südostasien

Nahrung: Insekten

Größe: etwa 3 cm

Original-größe!

19
18
17
16
15
14
13
12
11
10
9
8
7
6
5
4
3
2
1
cm

Ganz kleiner
Kolibri

Bienenelfe

19
18
17
16
15
14
13
12
11
10
9
8
7
6
5
4
3
2
1
cm

Steckbrief

Lebensraum:
Kuba, Karibik

Nahrung: Blütennektar

Größe: etwa 5,5 cm

Original-
größe!

Die Bienenelfe wird auch
Hummelkolibri genannt.
Sie ist so klein und schnell,
dass sie nur schwer zu
erkennen ist. Sie ist
der kleinste Vogel der Welt.

In ihrem tropischen
Lebensraum schwirrt
die Bienenelfe von Blume
zu Blume. Sie ernährt sich
vom süßen **Nektar** der Blumen.

Dieser winzige Vogel hat
leuchtend bunte Federn.
So ist er zwischen den bunten
Blumen fast unsichtbar.

Besonders kleine Beuteltiere

Dieses **Beuteltier** ist so klein – nicht größer als eine Maus! Nachdem es den ganzen Tag verschlafen hat, macht sich das niedliche Mini-**Säugetier** auf den Weg.

Mit seinen starken Krallen und seinem langen Schwanz huscht es auf der Jagd nach Nahrung durch die Baumwipfel.

Der Zwerggleitbeutler nippt süßen Nektar und leckt die Pollen von Waldblumen. Insekten stehen ebenfalls auf seinem Speiseplan.

Steckbrief

Lebensraum:
Wald, Ostaustralien

Nahrung:
Insekten und Blütennektar

Größe: etwa 9 cm, mit einem langen dünnen Schwanz

Original-größe!

Zwerggleitbeutler

cm 1 2 3 4 5 6 7 8 9 10 11 12 13 14 15 16 17

Blaugeringelter Krake

Blaugeringelter Krake

Steckbrief

Lebensraum:
Ozean vor Südaustralien

Nahrung:
Schalentiere wie Krebse

Größe: etwa 15 cm

Original-
größe!

Der blaugeringelte Krake
lebt in der Nähe der Küste,
zwischen Felsen und Riffen.

Dieser Krake mag klein sein,
aber er gehört zu den giftigsten
Meeresbewohnern überhaupt!
Wenn er gereizt wird, leuchten
die blauen Ringe an seinem Körper
auf. Dies warnt andere Tiere,
fernzubleiben.

Dieses winzige Seeungeheuer ist
auch ein super Jäger, der sein Gift
benutzt, um kleine Krabben und
andere Schalentiere zu fangen.

cm 1   2   3   4   5   6   7   8   9   10   11   12   13   14   15   16   17

Fliegende Drachen

Gemeiner Flugdrache

cm 1

Steckbrief

Lebensraum:
Regenwald, Südostasien

Nahrung:
Termiten und Ameisen

Größe: etwa 21 cm

Original-größe!

Der Gemeine Flugdrache
ist eine Eidechse.
Er hat lange Rippen. Sie sind durch
spezielle Hautfalten verbunden.
Diese sehen aus wie Flügel.

Wenn die Eidechse ihre „Flügel"
ausbreitet, kann sie im Regenwald
von Baum zu Baum gleiten.
Zum Steuern nutzt sie dabei
ihren langen Schwanz.

Die kleine Eidechse ist
auf dem Boden nicht sicher.
Deshalb lebt sie in den Bäumen.
Die Eidechse gleitet dort
zwischen den Zweigen
hin und her und frisst
Termiten und Ameisen.

3   4   5   6   7   8   9   10   11   12   13   14   15   16   17   18   19   20   21

Winzige Tierwunder auf der ganzen Welt

Myanmar und Thailand, Südostasien

Madagaskar

Ordne jeden Namen dem richtigen Tier zu.

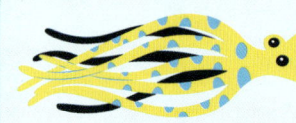

Ozean vor Südaustralien

Pfeilgiftfrosch   Zwergseepferdchen   Stummelschwanz-chamäleon   Hummel-fledermaus

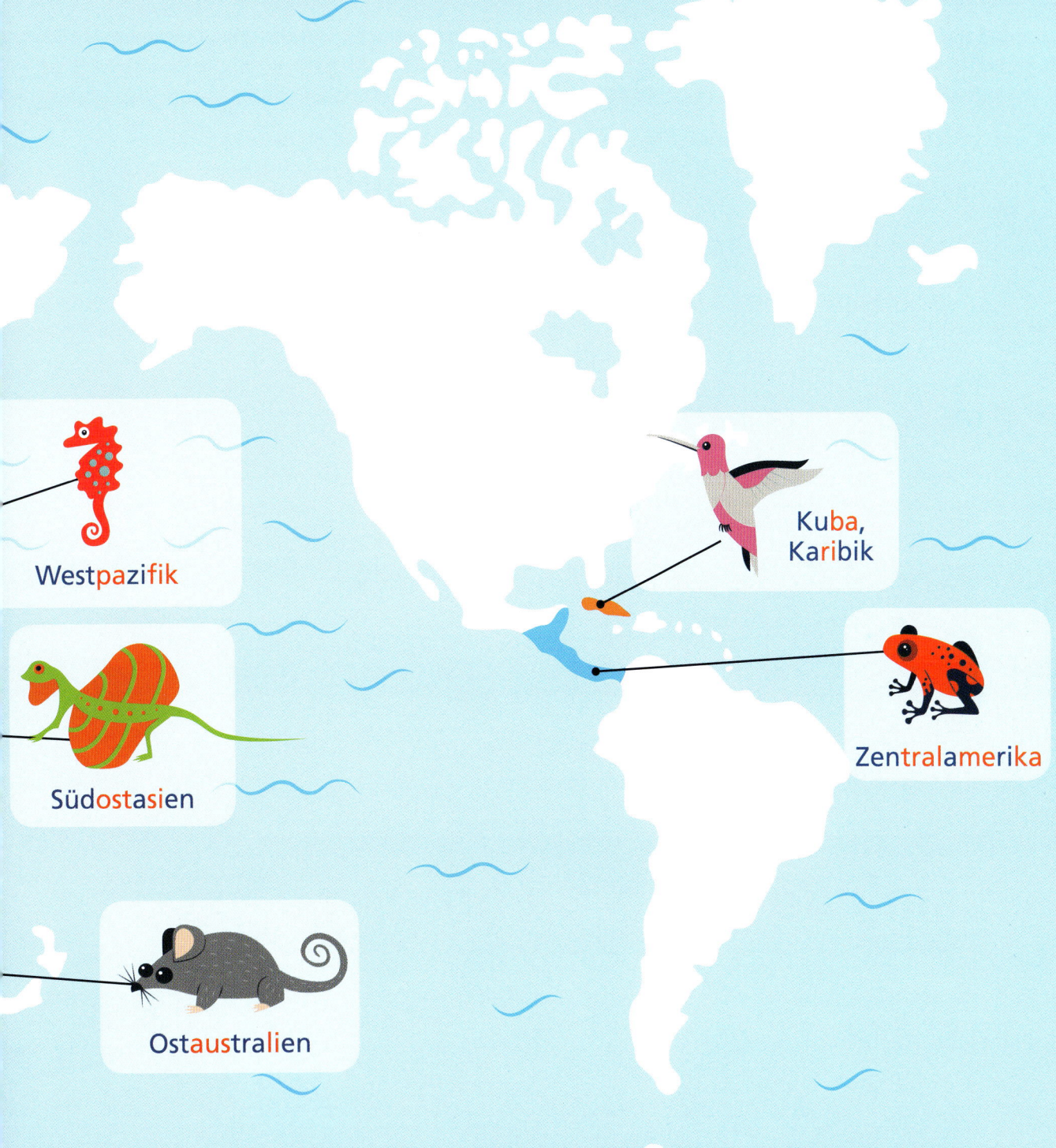

Westpazifik

Südostasien

Ostaustralien

Kuba,
Karibik

Zentralamerika

Bienenelfe

Zwerggleit-
beutler

Blaugeringelter
Krake

Gemeiner
Flugdrachen

Worterklärungen

Amphibien: Tiere, die zum Teil an Land und im Wasser leben

Beuteltiere: Säugetiere, deren Babys in einem Beutel heranwachsen

Beute: Tiere, die von anderen Tieren gejagt und gefressen werden

Kaulquappen: kleine Lebewesen, die zu Kröten oder Fröschen werden

Korallenriff: große Ansammlung von Korallen im Meer. Korallen sehen wie Blumen aus, sind aber das Außenskelett von winzigen Tieren, den eigentlichen Korallen.

Nektar: süße, zuckerhaltige Flüssigkeit, die einige Blumen ausscheiden

Plankton: sehr kleine Tiere und Pflanzen, die in Ozeanen leben

Raubtiere: Tiere, die andere Tiere jagen und fressen

Säugetiere: warmblütige Tiere, die ihren Jungtieren Milch geben

Termiten: kleine Insekten, die Holz fressen

Tropische Regenwälder: feuchte Wälder, die in der Mitte der Erde (dem Äquator) zu finden sind

Stichwortverzeichnis